Mémoire sur le Sénégal

COMMUNICATION
HÉMICYCLE

Marseille
s.d.

MÉMOIRE

SUR

LE SÉNÉGAL,

D*ans* lequel on traite de la Proximité
et de l'Étendue de cette Colonie ; de
ses Productions indigènes ; de la Salubrité et des époques de l'Insalubrité de
son Climat ; des Moyens d'en prévenir
les effets ; du Commerce par échanges ;
de la manière de traiter avec les Chefs
du Pays et les Habitans ; des sortes
de Marchandises qui y ont cours ; de la
Représentation du Numéraire par barres
de Marchandises ; de l'Introduction des
Arts et Métiers, et des Établissemens
qu'on peut et qu'on doit faire pour rendre
cette Colonie agricole.

———————

A MARSEILLE,

De l'Imprimerie de F*rançois* BREBION,
Imprimeur du ROI, sur le Cours, N.º 4.

MÉMOIRE
SUR LE SÉNÉGAL.

DE toutes les Colonies Françaises, la plus pauvre, la plus négligée de la Métropole, celle qui à chaque guerre se trouve constamment livrée à ses propres ressources, et toujours envahie par l'ennemi; c'est le Sénégal.

On cherche, en vain, la cause de cet abandon dans l'exiguité apparente de son produit, et dans l'insalubrité de son climat ; car, il n'en est pas une dont on puisse tirer d'aussi grands avantages commerciaux, et dont on puisse assurer la salubrité avec moins de dépenses; on en trouvera la démonstration en lisant ce Mémoire.

Nous considérerons cette Colonie, sous les rapports de sa proximité, de son étendue, de son climat, de ses productions indigênes, de son commerce par échange, du caractère de ses habitans, de sa culture et des établissemens qu'on peut y faire.

Proximité.

Le Sénégal n'est éloigné des Ports de France sur l'Océan, que de quinze à vingt-cinq jours de navigation; la Colonie s'étend depuis Portendie, jusqu'au cap Tagrin; sur la côte occidentale d'Afrique, elle n'a point de limites sur les longitudes, parce que dans l'intérieur des terres, au moyen des traités qui se font sans difficulté avec les Princes ou Chefs du pays où l'on veut aller, ils consentent à l'exploitation commerciale des lieux qui leur sont soumis, moyennant une modique redevance, connue sous la dénomination de *présens et coutumes*; ils renoncent même à la propriété des terres, si on veut les acheter; alors il nous est permis d'élever des Forts, bâtir des Magasins, et toutes espèces de constructions à notre usage, qui, au besoin, seraient pour nous des asiles inviolables, et commanderaient le respect aux Peuples avec lesquels nous habitons. Tels sont les Forts de Galam et de Podor.

Productions. Échanges.

Les productions indigènes, sont la gomme, l'ivoire ou morphil, l'écaille, l'ambre gris, la cire, le miel, les cuirs, l'indigo, le riz, le coton, les bois de cédre, d'ébène et d'acajou, la poudre d'or.

Toutes les productions sont échangées; savoir: la gomme et l'ivoire contre de la toile de Guinée, de l'Inde, des fusils, de la poudre à canon, des balles, des pierres à fusil, et quelques pièces de menues quincailleries.

Quant aux autres produits, l'échange s'en fait moins avec de la guinée, qu'avec du fer en barre, de la poudre à canon, de l'eau-de-vie, des armes à feu, des sabres, des haches, des outils, des miroirs, de la verroterie, de l'ambre, du corail, et des petits couteaux ou jambettes, de la revêche, de la toile platille ou de Bretagne, de la laine et du coton filé teint en couleur rouge, jaune et verte.

L'or se change contre du sel ; on donne à Galam un gros d'or pour une barrique de sel, qu'on recueille près du Sénégal, ou que l'on achete pour 3 fr. la barrique.

Climat.

Il est de notoriété, que le climat

jouit pendant dix mois, chaque année, de la plus grande salubrité et du ciel le plus pur. Aussi, pendant cet intervalle, n'y rencontre-t-on pas un malade ; les épidémies ne s'y font sentir qu'au tems de la mousson, depuis le commencement de septembre, jusqu'à la fin d'octobre ; c'est donc avec raison qu'on en attribue la cause à la stagnation des eaux de pluie. Nous indiquerons dans l'article suivant, les moyens de préserver cette contrée d'un fléau qui frappe plus particulière-ment sur les Européens que sur les indi-gênes, parce que les excès qu'ils com-mettent dans l'usage des femmes, du vin et des liqueurs, provoquent une fièvre de bile qui les emporte en 24 heures. La manière que les hommes sages em-ploient pour s'en garantir, est de pren-dre dans un intervalle de 3 jours, deux médecines purgatives, aussitôt que l'on voit le ciel se charger de nuages ; il n'y a pas d'exemple qu'aucun de ceux qui ont usé de cette précaution, ait été atteint de cette épidémie.

Sol. Agriculture. Habitans.

Le sol de cette partie d'Afrique est vierge; il est fécondé par la vase qu'y répand chaque année le débordement du Niger; la végétation y est si active, que les eaux sont à peine rentrées dans le lit du fleuve, que la campagne se couvre d'herbes qui s'élèvent à la hauteur de nos seigles. La rive droite du fleuve, est habitée par les maures, et la gauche par les nègres. Les uns et les autres, dans l'arrière-saison, allument l'herbe sèche, et dans un instant l'horizon est tout en feu ; cette flamme parcourt toute l'étendue du désert de Sara, la couvre de cendres, détruit les insectes, et ce sédiment donne encore une nouvelle activité à la végétation.

Les habitans d'entre le Tropique et l'Équateur, ne cultivent que du mil, du

maïs et du tabac pour leur consommation ; ce qui reste inculte, sert de pâtu-
rage aux troupeaux.

Ces pâturages, de quelques centaines
de lieues d'étendue, sont occupés sur
la rive droite du Niger, par la nation
mauresque qui y répand de nombreux
troupeaux, dont le lait et le beurre fait
partie de sa subsistance ; elle ne cultive
rien ; elle n'a ni villes, ni villages ; chaque horde campe partout où ses troupeaux peuvent vivre, et lève le camp
pour prendre une nouvelle position, dès
qu'ils ne trouvent plus à paître.

C'est de ces camps qu'elles projettent
le saccage des villages nègres, toujours
situés sur la rive gauche du fleuve.

Le maure, peuple actif et guerrier,
en état de guerre perpétuelle avec le
nègre sous le plus léger prétexte, et
souvent même par goût pour le pillage,
passe le fleuve à la nage, et va dans la
nuit porter la torche dans la case du

nègre, qu'il surprend endormi, et sans égard pour âge ni sexe, va vendre ces malheureux captifs; ils poignardent ceux que quelques défauts de constitution empêchent de vendre; il leur est permis cependant, de se racheter quelquefois, moyennant une redevance annuelle de mil et quelques pièces de bétail.

Les pâturages de la rive gauche du fleuve sont occupés, comme nous l'avons dit, par les nègres. Ces peuples vivent en société; ils ont des villages dont la population s'élève souvent à trois ou quatre mille habitans; mais ce peuple, paisible et indolent, établit sa sécurité sur la prédestination. Il ne prend jamais de mesures pour se soustraire à la cap-tivité : la rencontre imprévue de l'enfant d'un maure, fait trembler un nègre de six pieds : aussi, malgré la supériorité du nombre, il préfère la fuite au combat, et dans la fuite, il trouve presque toujours l'esclavage. Cet être paresseux ne cultive que pour sa subsistance , encore se fait-il aider par sa femme et une esclave ; chaque fois qu'il va semer du mil , la femme esclave le précède sur le terrain , elle fait un trou dans la terre avec le bout de son pied , le mari y jette trois ou quatre grains de millet , et sa femme qui le suit, recouvre cette graine avec la terre que l'esclave a fait sortir du trou ; et lorsque cette graine a germé , les femmes et les enfans chantent et dansent jour et nuit dans le champ jusqu'à la récolte , pour en écarter les oiseaux et autres animaux dévastateurs. Le grain parvenu à sa mâturité , ce sont encore les femmes qui font la récolte , qui le nettoient et le mettent en magasin , qui le préparent, après l'avoir pilé , pour la consommation de chaque jour, et en font un mets qu'ils nomment *couscous* , sur lequel on répand du poisson seché au soleil ou cuit à l'eau, ou de la viande de mouton ou de chèvre, ou de volaille.

Cependant , le nègre content de sa chétive existence, ne s'occupant que des besoins de première nécessité, reste dans l'inaction, tant qu'il ne voit rien de propre à exciter sa cupidité et son goût naturel pour le luxe et l'aisance. Il ne peut donc être stimulé que par le voisinage d'un peuple industrieux, qui acquerrait des jouissances par son travail; il deviendrait alors imitateur. Bientôt, pour avoir de beaux chevaux , de belles armes , de beaux pagnes , il deviendra laborieux; bientôt, pour charger ses femmes, ses filles, ses captives, de colliers d'or, d'ambre et de corail, il ne sera point de genre de travail que la vue de nos établissemens ne le détermine à entreprendre avec ardeur; point de fatigues qu'il ne supporte avec une patience imperturbable.

En établissant donc tout le superflu de notre population dans cette contrée, en faisant agir des milliers de bras garrottés dans nos maisons de détention, nous verrions sortir de cette terre de promission, le produit de la canne à sucre, du cafier, du giroflier, du cannellier, du muscadier, du cacaotier, du cotonnier, du riz et de l'indigo. En leur donnant là, la même ration qu'on leur fournit ici pendant un an ; en leur donnant des instrumens aratoires et des graines, ils opéreront en peu de tems un défrichement immense, et trouveront la seconde année, dans leur travail, de quoi fournir à leur existence, sans qu'on puisse craindre qu'ils cherchent à fuir ; car ils tomberaient de tous côtés dans un esclavage pire que leur condition actuelle.

Plusieurs amateurs ayant fait venir des graines et des plants de Cayenne, ont obtenu au Sénégal le plus heureux succès ; ces essais serviront à démontrer la facilité avec laquelle on parviendrait à y naturaliser les végétaux dont nous venons de parler. Les nègres, en s'associant aux étrangers pour la culture des terres, donneraient de l'écoulement aux eaux stagnantes, et procureraient au climat une salubrité qui ne pourrait plus être interrompue ; le commerce aurait ici toute l'étendue qu'il trouve dans les deux Indes, en se rapprochant de sa Métropole, et le Gouvernement pourrait récompenser des services rendus, par des concessions de terre, et serait lui-même indemnisé au centuple, des avances qu'il aurait faites pour former cette Colonie, en percevant un droit sur ses productions, lorsqu'elle serait mise en valeur.

Établissemens. Industrie.

En introduisant l'art de cultiver la terre au Sénégal, il nous paraît convenable d'y faire connaître aussi ceux d'une utilité majeure. Déjà la maçonnerie et la charpente y ont fait quelques progrès; mais la serrurerie, la menuiserie, la fabrication des toiles et des étoffes en sont à leur premier pas. L'établissement des écoles gratuites nous semble devoir précéder tous les autres ; et après ceux déjà connus, le charronnage doit suivre immédiatement ; car le premier besoin , dans un pays qu'on veut rendre agricole , c'est d'y savoir construire une charrue. L'innombrable quantité de chevaux, bœufs, chameaux , buffles , mulets , n'a jamais connu le joug ; on ne les emploie qu'à porter des fardeaux ; l'habitant n'a jamais vu ni charriot , ni charrette : l'exemple seul l'initiera dans l'art de les conduire, comme il l'aura été dans celui de cultiver la terre.

Nous avons proposé depuis long-tems d'y établir une filature de corderie , dont la matière première ne serait pas de chanvre , mais de l'écorce de la côte des feuilles de palmiers ; nous en avons fait l'essai dans les carrières de Mont-Rouge , près Paris, où nous avons fait filer cette écorce que nous avions rapporté en

France, lé succès le plus heureux a couronné cette expérience ; ce genre de cordage serait employe utilement en manœuvre de vaisseaux, ayant autant de consistance, et d'un prix de plus de trois quarts inférieur à celui du chanvre ; il remplacerait celui-ci dans tous les usages domestiques.

Une filature de coton prospérerait indubitablement ; tous les buissons du pays en produisent, et les habitans n'en recueillent que ce qui leur est nécessaire pour la fabrication de leurs pagnes, et laissent périr sur l'arbre ce qui leur est inutile ; on peut conjecturer qu'il deviendrait de la plus belle qualité, si la culture aidait son développement.

L'équarrissage des bois de cédre, d'ébène, d'acajou, nous offre encore une branche de commerce absolument ignorée dans cette contrée ; c'est de là qu'on tirerait des planches dont la largeur étonnerait les Européens ; nous avons vu sur

le

le continent, en face de l'Isle St Louis, un arbre, connu sous la dénomination de *Pain de Singe*, dont le tronc portait soixante-quinze brasses de circonférence.

Les forêts sont remplies d'abeilles, dont les essaims se logent dans de vieux arbres. Pour en recueillir la cire et le miel, les habitans mettent le feu au pied de l'arbre, qui, dans sa chute, répand dans le sable le produit de l'essaim et le charge d'immondices : c'est dans cet état qu'il nous est vendu.

Le riz, cet aliment dont, à juste titre, nous faisons grand cas en Europe, se trouve là indigne des soins des habitans; ils ne daignent ni le cultiver, ni le re-cueillir, et ce n'est que près le fleuve de Gambie et à Casamance, qu'on en récolte pour les bâtimens qui vont en chercher.

Quand on a traversé le Niger, en face de St Louis, on ne peut marcher que sur l'indigo , que les habitans ne recueillent pas ; et s'ils ont quelques pagnes à teindre, ils vont cueillir quelques poignées de cette herbe , qu'ils font bouillir avec leur toile de coton , sans autre préparation.

Il est encore un article de commerce dont on doit la découverte à M. BLANCHOT , ancien Commandant au Sénégal. Il a reconnu dans les bois , le quinquina, dont l'écorce est le plus grand fébrifuge connu ; on peut tirer grand parti de cette production.

L'établissement d'un haras de chevaux barbes fournirait des remontes de première qualité , et au prix le plus modique. Les habitans ne connaissent pas la manière de faire du foin ; rien ne serait plus facile que d'assurer , pour l'année, la provision de fourrage ; au lieu de laisser paître l'herbe sèche au bétail, qui, dans la mauvaise saison , et après l'incendie des campagnes , trouve à peine de la mousse pour se nourrir, et tombe dans un état affreux de dépérissement.

Le bétail étant extrêmement abondant, un bœuf sur pied ne coûtant pas 24 fr. par échange , on pourrait établir des salaisons de bœufs et de porcs , qui rendus en France , ne reviendraient pas à 4 sols la livre.

Enfin , l'entrée de la colonie défendue par la nature , on ne pourrait y être troublé dans l'exercice de l'agriculture et du commerce, par aucun ennemi, en y entretenant une faible garnison.

Commerce par échange.

Le commerce se fait au Sénégal de deux manières :

Par la première, on remonte le fleuve au mois d'avril, époque où les marchands de gomme se réunissent dans trois escales.

La première, aux Darmanco; la deuxième aux Braknas, et la troisième au Coq, où se trouvent les Trassarts.

Les bâtimens mouillent au milieu du fleuve; les Rois et les Chefs des Pays viennent à bord traiter du prix du cantar de gomme avec les capitaines; la convention une fois faite, les maures ou nègres apportent au vaisseau le produit de leur récolte.

On paye ordinairement en 15 ou 18 pièces de toile de guinée bleue de l'Inde, le prix du cantar, qui est une cuve établie sur l'écoutille, pouvant contenir cinq ou six milliers pesant de gomme; on donne en sus du cantar, une gamelle de gomme du poids de six cent à mille livres, et on paye en sus du nombre de pièces de guinée convenu pour prix du cantar, le prix de la gamelle en fusils ou pistolets, ou sabres, ou poudre, balles, pierres à feu, eau-de-vie, fer, toile ou revêche, ou laine filée, ou corail, ou ambre, ou verroterie.

Toutes les marchandises sont tarifées par barres ; la barre représente une valeur monétaire de 4 fr. 16 s. Ainsi la pièce de guinée qui coûte de 15 à 18 fr. en France, est estimée dix barres ; ainsi des autres marchandises tarifées dans la proportion de leur prix - facture : on tâche de faire les payemens en barres les moins fortes.

Après la descente de la gomme, on se dispose à monter à Galam. Là, on trouve aussi de la gomme, de l'ivoire, de la poudre d'or, de la cire, du mil, des cuirs, etc. Ce sont ordinairement les habitans du Sénégal qui font ce voyage, et qui emploient à ce commerce les mêmes marchandises dont nous venons de parler. Ils en rapportent aussi beaucoup de plumes d'autruche, d'aigrettes et de maraboux ; mais la re-

vente qu'ils font de tout ce qu'ils rapportent de Galam, rentre dans la seconde manière de commercer dans la
ville même de St Louis ; les bénéfices
roulent sur le plus ou le moins du genre
de marchandises dont la ville est pourvue.
Ici, les farines, les vins, les eaux-de-vie,
et toute espèce de liqueur, sont en fa-
veur ; c'est aux facteurs et aux capitaines
à se défendre sur les prix.

Pour faciliter les opérations de MM.
les Négocians qui désireront faire des
expéditions au Sénégal, nous joindrons
ici la désignation des marchandises avec
lesquelles on fait les échanges ; la quantité
qu'on en donne par barres, et la valeur
de la barre en marchandises et en argent
dans la colonie.

Nous avons dit, que la barre était
l'équivalent de la somme de 4 fr. 16 s. en
argent, dans certains lieux de la colonie ;
dans d'autres, de 5 fr.; dans d'autres,
d'une piastre.

MARCHANDISES.	Valeur en barre.	Valeur en argent.
Un fusil fin à deux coups	20	100 fr.
Idem à un coup	10	50.
Idem de traite	6	30.
Idem boucanier	10	50.
Poudre à canon, une livre et quel-quefois deux	1	5.
Balles de plomb, le cent	2	10.
Pierres à fusil, le cent	2	10.
Petite quincaillerie, comme couteaux, ciseaux, briquets, de chacun dix pour une barre, ci	1	5.
Boîtes de girofle, miroirs de poche *id.*	1	5.
Toile de Guinée bleue de l'Inde, belle qualité, la pièce	10	50.
Toile de Bretagne, la pièce . . .	3	15.
Toile platille *idem*	2	10.
Indienne commune, la pièce . . .	10	50.
Écarlate de Loudun, le 8.ᵉ d'aune	1	5.
Revêche *idem*	1	5.
Laine filée en couleurs, 4 onces rouge, jaune et verte	1	5.
Papier, 4 mains pour	1	5.
Pattes de fer plat de 2 pouces 1/2 de large, sur 6 lignes d'épaisseur et de huit pouces de long chaque patte, et quatre pattes pour	1.	5.

Les outils, tels que marteaux, haches, léviers, herminettes, rabots, scies, limes, ciseaux à froid pour couper le fer, ciseaux de menuisier, tenailles, monte-ressorts, tout cela est très-recherché, et se vend suivant

MARCHANDISES.   Valeur en barre.   Valeur en argent.

la pénurie de la Colonie ; il faut aussi beaucoup de petits cadenats et de ser-rures.

Il y a tant de sorte de verroteries, qu'il deviendrait importun de les détailler ; tout, en ce genre, donne un bénéfice de cent pour cent.

L'ambre et le corail se changent, en montant le fleuve, contre de la poudre d'or, poids pour poids, ou un grain pour . . . .   1.   5.

On y échange aussi le sel contre de l'or ; une barrique de Bordeaux pleine de sel, pour un gros d'or.

Le sel se vend au Sénégal, 3 fr. la barrique.

Ceux qui voudront de plus amples instructions, pourront s'adresser à l'Auteur.

On voit assez que le prix-courant, en argent, des marchandises dans l'Isle St.-Louis, est au moins de cent pour cent au-dessus du prix d'Europe, et qu'il acquiert encore une valeur bien supérieure, en traitant avec les habitans du Désert.

Lk 95.